AF321072

JACQUES MENOU,

Maréchal-de-camp des armées de la République Française, à ses Concitoyens.

Frères et Concitoyens,

LA réputation est tout pour un homme libre ; vivre sans honneur est le propre des esclaves. J'ai été inculpé au milieu des représentans de la nation ; j'ai du mettre ma conduite au plus grand jour ; et c'est à vous mes concitoyens, que je veux rendre compte de ce qui s'est passé à mon égard.

Mon nom s'est trouvé, le mercredi 3 ~~Décembre~~ octobre, sur une liste de candidats, pour le ministère de la guerre ; je déclare ici, sur mon honneur, que je n'ai jamais ambitionné cette place, et que je ne me suis jamais cru capable de la remplir. Celui ou ceux qui avoient inscrit mon nom, connoissoient vraisemblablement mieux mon zèle, que mes talents.

(1792.)

Lorsqu'on fit la lecture de cette liste à la Convention nationale, le citoyen Chabot s'éleva contre moi, comme ayant été l'un des chefs des troupes qui étoient aux Tuileries dans la journée du 10 Août.

J'ai rendu et je rends justice au patriotisme de ce député. Vraisemblablement il n'a été conduit à cette démarche que par les motifs les plus purs, mais il m'a jugé sans me connoître, et sans sçavoir la vérité des faits. J'ai crû devoir lui écrire pour les lui rappeller, ou les lui apprendre. Je dois ici à la vérité de déclarer, que je n'ai eu qu'à me louer de la franchise du citoyen Chabot, dans deux conversations qui ont eu lieu entre lui et moi. J'ai crû devoir également soumettre ma conduite à la Convention nationale dans une lettre qui a été lue à la séance de dimanche 7 de ce mois.

C'est à vous, maintenant que je m'adresse, O mes concitoyens! vous dont la majeure partie a été témoin de mes travaux à l'assemblée constituante ; vous, qui sçavez, si jamais j'ai perdu une seule occasion de faire valoir les droits du peuple, et de défendre les principes sacrés de la liberté et de l'égalité. Cè ne sont point les circonstances qui m'ont rendu patriote, je l'étois par conviction, longues années avant la révolution de 1789; et je renouvelle ici à tout le peuple français, le serment de mourir plutôt que de laisser porter la moindre atteinte à ses droits. Ma conduite est développée dans ces deux lettres dont je viens de faire mention, je les joins ici, et je les soumets à tous mes concitoyens.

LETTRE *écrite le 4 Octobre 1792, l'An premier de la République Française, par le Citoyen* JACQUES MENOU, *Maréchal-de-Camp, au Citoyen* CHABOT, *Député à la Convention Nationale.*

CITOYEN CHABOT, vous êtes franc, loyal, patriote et juste. Me connoissez-vous assez pour me juger ? Pourquoi avez-vous voulu me flétrir hier au milieu des Représentans de la République Française ?

Je suis convaincu que vous n'avez été conduit à cette démarche, que par le zèle le plus pur, et par l'amour de la Patrie; mais, songez-vous qu'un mot dit dans l'Assemblée Nationale, est répété jusqu'aux extrêmités de la France par cent échos différens, et influe nécessairement sur la réputation, ainsi que sur l'existence physique et morale d'un Citoyen ?

Citoyen Chabot, Je vais vous parler avec toute la franchise d'un sincère et zélé républicain. Né dans une classe privilégiée (la ci-devant noblesse), j'ai appris en même-tems à la connoître et à la mépriser. Ennemi par principes du gouvernement monarchique, je n'ai paru quelquefois à la cour sous l'ancien régime, que pour mieux l'apprécier, et voir par moi-même les infamies qui s'y commettoient journellement. Delà, l'horreur qu'elle m'a inspirée. Jamais je n'ai encensé l'idole ; jamais je n'ai demandé ni obtenu de graces : nulle part le nom de *Jacques-François Menou*, ne se trouve ni ne se trouvera sur les listes des courtisants, et de ceux qui ne rougissoient pas de vendre les plus vils services à prix d'argent. J'ai suivi la carrière des armes depuis l'âge de quinze ans. J'ai passé par tous les grades, à commencer par celui de simple carabinier, pour arriver à celui de Maréchal-de-Camp, et je n'ai point à me reprocher d'avoir sollicité aucun de ceux qui m'ont été donnés, depuis vingt-sept ans que je sers ma patrie.

Jamais je n'ai connu l'intrigue ni les détours ; j'ai toujours dit ma façon de penser hautement, et cela, dans un tems où il y avoit le plus grand danger à manifester sa haine contre le despotisme.

Choisi, plusieurs années avant la révoluion de 1789 , pour être membre des assemblées établies dans les ci-devant provinces du Maine , Anjou et Touraine , j'y ai avancé les opinions les plus hardies contre le gouvernement , la noblesse et le clergé. Dix-huit mois avant la fameuse époque de 1789 , j'avois été , à Paris , le fondateur d'un club qui , répandant ses opinions dans toute la France , a été , j'ose le dire , le premier moteur de la révolution. Arrivé à l'Assemblée Nationale Constituante , j'y ai toujours combattu avec la plus grande audace , pour y établir les principes sacrés de la liberté et de l'égalité. C'est moi qui ai prononcé, comme président , le 19 juin 1790 , le décret qui détruit pour toujours la noblesse. Ce jour-là , j'ai été sur le point d'être poignardé , et j'ai accumulé sur ma tête la haine de tous les hommes à priviléges. Cette haine a fait ma gloire , et est devenue pour moi , un titre qui m'honore mille fois d'avantage que tous les parchemins , alimens d'une folle et dangereuse vanité.

J'ai combattu pendant une année entière à l'Assemblée Constituante , contre les aristocrates , les modérés , les impartiaux , les monarchistes , les ministres , etc. , etc. , pour obtenir la réunion d'Avignon à la France.

Cette réunion a été décrétée sur ma demande le 14 novembre 1791.

Plus de six mois auparavant , j'avois fait la motion de détruire tous les ordres de chevalerie.

Citoyen Chabot, je ne rapporte pas ici ce que j'ai fait pour prouver qu'on me doit de la reconnoissance. Je sais qu'on n'en doit pas à quiconque sert son pays. Je sais qu'un seul délit contre la liberté , doit faire oublier tous les services précédens. Ici , je n'ai d'autre but que de vous faire connoître mon caractère. Je suis patriote depuis vingt ans. Aussi fier républicain que vous, j'ose le dire , et prêt à périr , s'il le faut , pour soutenir et défendre , contre tous , la liberté et l'égalité.

Attaché , par le hasard des circonstances , à la dix-septième division militaire , en qualité de Maréchal-de-Camp , j'y ai fait mon service exactement , et toujours conformément à la Loi. J'ai ignoré , je le jure foi de patriote, tout ce qui se tramoit, soit à la cour , soit parmi ses partisans. Le 10 août, jour de la fameuse révolution , j'étois aux tuileries , et je ne pouvois être ailleurs , en qualité de Maréchal-de-Camp de la dix-septième division , dont Paris est le chef-lieu, mais, je n'ai participé à rien, car je n'avois aucun ordre à donner, ni aux Gardes Nationales, ni aux Suisses ; je n'avois pas un seul homme sous mon commandement, 1°. parce que je n'étois que second Maréchal-de-Camp de la Division ; 2°. parce que quand même j'eusse été le premier officier général, la Loi me défendoit de donner aucun ordre ; car, il n'y avoit plus de troupes de ligne à Paris.

Les Suisses étoient sous le commandement de leurs officiers qui eux mêmes prenoient directement l'ordre du ci - devant roi , et du commandant de la garde nationale; j'ai passé la nuit sur un matelas, non pas à dormir, mais à chercher en moi même les causes des mouvemens qui avoient lieu, soit à l'intérieur, soit à l'extérieur du château ; je n'ai rien deviné. Le matin du 10, j'ai suivi le ci-devant roi à l'assemblée nationale, parceque j'ai crû que dans ces circontances, c'étoit le seul endroit où un homme qui se trouvoit dans une position aussi difficile que la mienne pût être convenablement. Je n'ai eu aucune connoissance de ce qui s'est passé au château depuis cet instant, et je ne l'ai appris que par le bruit du canon. C'est alors que je me suis présenté à l'assemblée nationale, et c'est à vous même que j'ai parlé, citoyen Chabot: vous devez vous rappeler que je vous ai dit que mon intention étoit de rendre compte à l'assemblée de ce qui se passoit, afin qu'elle avisât dans sa sagesse aux moyens d'y mettre ordre. Après vous avoir parlé, je suis allé dans le corps-de garde des grenadiers de la gendarmerie, où je suis resté jusques vers les cinq heures du soir, que j'en suis sorti seul, et sans aucune crainte, (parceque je n'avois rien à me reprocher) en uniforme d'officier général, pour me rendre chez moi. Je puis même vous assurer que dans la rue St. Honoré et sur le Boulevard, j'ai été parfaitement accueilli par deux immenses colonnes de citoyens armés; et cela, j'ose le dire, parceque je suis connu dans Paris pour un véritable et zélé patriote et non pour un patriote de circonstances.

Le 17 Août, éclairé sur les événemens de la journée du 10, et sur les trames affreuses de la cour, par les pièces dont l'assemblée législative avoit ordonné l'impression, j'ai été, en qualité de maréchal de camp de la dix-septième division, prêter le nouveau serment au milieu de l'assemblée nationale, et cela avec la ferme résolution de mourir pour défendre la liberté et l'égalité. Je vous jure, citoyen Chabot, que je n'ai été déterminé à cette démarche que par l'effet d'une persuasion intîme sur la perfidie de la cour, et non par aucun motif

de crainte. Je vous déclare franchement, que
ce sentiment n'est jamais entré dans mon ame;
et que si je n'eusse pas été convaincu , je
n'aurois pas prêté le serment.

Voilà citoyen Chabot, le tableau fidèle de
mes opinions et de ma conduite. Si vous
avez quelqu'autre chose à me reprocher ,
dites - le moi franchement. Mais j'attends de
votre loyauté et de votre justice de me rece-
voir chez vous pour y avoir une conversation
franche, et telle qu'elle doit être entre deux
citoyens qui veulent être justes, et qui ne
cherchent que le bien de leur patrie ; vous
m'avez accusé, vous devez m'entendre ; et
sur-tout, pour me juger, mettez vous à ma
place.

JACQUES MENOU,
Maréchal de Camp.

LETTRE écrite à la Convention Nationale, par JACQUES MENOU, Maréchal-de Camp, le 6 Octobre 1792, l'An premier de la République.

L I B E R T É   É G A L I T É.

CITOYENS LÉGISLATEURS,

J'AI été gravement inculpé dans la séance du mercredi 3 de ce mois, parce que mon nom étoit placé sur une liste de candidats. Ceux qui l'avoient inscrit, ont plus consulté mon zèle que mes talens. Jamais je n'ai ambitionné la place de ministre, jamais je ne me suis cru capable de la remplir.

Je rends justice au patriotisme énergique du Citoyen Chabot, qui a dénoncé ma conduite; ses motifs sans doute ont été purs ; mais, j'ose assurer qu'il m'a jugé sans me connoître, et sur de simples apparences. Je vais vous présenter, non pas ma justification, (je ne crois pas en avoir besoin) mais ma profession de foi, et la vérité rigoureuse des faits.

Né dans une classe ci-devant privilégiée, (la noblesse) je l'ai connue et méprisée ;

j'ai connu la cour , je l'ai détestée ; **avant la révolution**, j'ai étudié et suivi le gouvernement ; je l'ai eu en horreur. Ennemi déclaré des tyrans et de la tyrannie , j'ai , plusieurs années avant l'époque de 1789 , publié hautement mes opinions. Dans les anciennes Assemblées Provinciales , dont j'étois membre, j'ai soutenu le dogme de l'insurrection ; et on peut se rappeller qu'à cette époque , **il falloit du courage** pour affronter le despotisme , parce qu'il y avoit du danger.

Je ne m'étendrai pas sur ce que j'ai fait dans l'Assemblée Constituante. Qu'il me soit seulement permis d'interpeller ici ceux de mes anciens collégues qui siégent parmi vous. Ai-je jamais varié sur les véritables principes de la souveraineté du peuple ? sur ceux de la Liberté et de l'Egalité ?

N'ai-je pas toujours combattu avec énergie l'aristocratie sous toutes ses formes ?

Si en prononçant , le 19 juin 1790 , le décret qui détruit pour toujours la noblesse , j'ai accumulé sur ma tête la haine de tous les hommes à priviléges ; si après une année entière de combats , j'ai obtenu la réunion d'Avignon , la Patrie me doit-elle de la reconnoissance ? Non , je n'ai rempli qu'un devoir ; et un seul délit contre la liberté , s'il existe , doit faire oublier , chez un peuple libre , tous les services précédens.

Voici ma conduite dans la journée du 10 août :

Maréchal-de-camp employé dans la dix-septième division, ma résidence étoit à Paris. J'ignorois, je le jure sur ma téte et sur mon honneur, les perfidies de la cour et de ses partisans ; j'y étois regardé du plus mauvais œil, et je sais de science certaine, que ma présence y étoit importune, parce qu'on y étoit assuré que si je m'étois apperçu de quelque trame secrette, j'en aurois été le premier dénonciateur. Mon poste militaire le 10 août, étoit aux Tuileries et ne pou-voit être ailleurs. J'en appelle à tous ceux qui veulent et qui doivent me juger avec impartialité : mais étant de ma personne au château , je n'avois aucun ordre à y donner ; aussi n'ai-je parrticipé à rien. Les régimens de ligne étoient partis peu de jours auparavant pour l'armée. Les gardes nationales ni les Suisses n'étoient pas sous le commandement des généraux ; les Suisses n'avoient d'ordre à prendre que de leurs officiers, qui eux-mêmes le recevoient du ci-devant roi et du comman-dant de la garde nationale ; les généraux n'avoient pas même le mot d'ordre du château. Je n'ai donc, ni par le fait ni par le droit, commandé en aucune manière le 10 août. J'ai passé la nuit sur un matelas, non pas à dormir, mais à chercher les véritables causes des mouvemens qui avoient lieu, soit à l'intérieur, soit à l'extérieur du château, mouvemens dont j'étois instruit par tout ce que j'entendois dire autour de moi.

Le matin du 10, je me suis rendu en même tems que le ci-devant roi, à l'assemblée nationale. J'ai cru que, dans ces circonstances, le seul poste convenable pour l'officier général de la division, étoit auprès des représentans de la nation. Depuis cet instant, je n'ai appris ce qui se passoit au château que par le bruit du canon. C'est alors que, guidé par le seul sentiment de l'humanité, je me suis présenté à l'entrée de l'assemblée nationale. Je ne sais si on a mal interprété cette démarche, mais la vérité est que je me suis à l'instant adressé au citoyen Chabot (et j'interpelle ici sa loyauté), lui disant que mon intention étoit de conjurer l'assemblée d'aviser dans sa sagesse aux moyens d'empêcher l'effusion du sang. De là, je me suis immédiatement rendu dans les corps-de-garde des grenadiers de la Gendarmerie, d'où je suis sorti seul à cinq heures du soir en uniforme d'officier général, pour me rendre chez moi, traversant dans la rue St-Honoré et sur le boulevard, plusieurs immenses colonnes de citoyens armés, dont la plupart me reconnoissant, m'ont traité avec égards et fraternité. Le 12 août, je me suis rendu par ordre du ministre de la guerre, au comité militaire de l'assemblée nationale, à l'effet de prendre des mesures sur l'emplacement du camp sous Paris. Le même jour, j'ai été mandé au comité de surveillance pour y faire le récit des faits dont j'avois connoissance. Je n'ai qu'à me louer de la manière franche et loyale avec laquelle on m'y a traité. Le 13, jai été avec plusieurs membres du comité militaire de l'assemblée et de la oommune du Paris, faire des reconnoissances aux environs de la capitale. Le 16, éclairé sur les événemens du 10 août et sur la perfidie de la cour, par les pièces dont l'assemblée avoit ordonné l'impression, j'ai sollicité et obtenu par un décret, la permission de prêter mon serment au milieu de l'assemblée nationale. Je l'ai prêté le 17 ; et je déclare ici franchement que je n'ai été conduit à cet démarche que par une conviction intime. Sans cette conviction, je n'aurois pas prêté le serment.

Voila , citoyens législateurs , le tableau fidèle de ma conduite et de mes opinions. J'ai parlé en homme libre ; c'est le seul langage qui désormais puisse convenir à **un** Français. Si quelqu'un formant encore des doutes sur ma conduite , prouve qu'elle **a** été en contradiction avec mes devoirs et **la** loi , je demanderai moi-même à être rayé de la liste des citoyens , et que la république me déclare incapable de la servir jamais.

Signé Jacques MENOU , *maréchal-de-camp.*

À Paris , chez CHAMPIGNY , Imprimeur , rue Montmartre , N°. 10.